任性出版

愛上寫作很容易

四類修辭 + 三種觀察

暢銷書《文言文很好用》作者、
快速提升國學素養的經典圖文工作室

段張取藝 ——— 著

我會比喻

早安

我會擬人

從只寫流水帳，到文筆好到被瘋傳，
動筆吧，因為你值得被看見。

目錄

愛上寫作很容易
——六類詞語＋六種句型

第 一 章

文章構成最基本——六大詞語　015

愛上寫作很容易
——四類修辭＋三種觀察

第四章
用了修辭，句子好動人　191

第五章
流水帳沒人理，想被瘋傳就得有角度　245

第六章

會想像，一篇文章就完成

推薦序一

不只是寫作的《愛上寫作很容易》

閱讀推廣人、國小教師／林怡辰

在國小現場任教作文多年，我除了帶領語文社團、培訓作文選手，經常應邀擔任作文評審、到各學校與教師分享，也曾到新加坡、馬來西亞等地演講。在這之中，我發現，孩子最常見的問題是詞彙不多，尤其對於圖像式思考的孩子來說，運用文字真的有諸多困難。

沒想到，在翻開這套可愛的《愛上寫作很容易》之後，這些困難都迎刃而解。豐富可愛又吸睛的圖片，就像漫畫般親近孩子，但內容可說非常扎實。

這套書分成上、下冊，不僅完整收錄詞語、句子、細節、修辭、角度、想像，在詞彙方面，一頁頁的圖片和簡單解說，竟涵蓋名詞、動詞、形容詞、數詞、量詞、代名詞等，將近兩百多個單字。

以幽默有趣的文字，加上活潑可愛的圖畫，讓讀者一邊看圖，一邊練習。

除了擴充詞彙、增加靈感、統整學習外，學生最擔心的造句也能立刻升級。從陳述句、疑問句、設問句、反問句、祈使句、感嘆句，到正確使用標點符號，句子通暢了，段落豐富了，作文怎麼會

寫不好？

此外，文章貴在觀察有新意、運用各種修辭法，很多人經常卡在這一關，但第四章用有趣的文章和圖像，介紹比喻、擬人、誇飾、對比，既視感強烈，就算是平常不愛寫作的孩子，也可以一頁一頁讀下去。

越往高階，文章立意得從不同角度出發，包括怎麼切入、怎麼思考，讀完本套書後，寫人、狀物、記事、寫景一應俱全。更重要的是，詞彙的情緒覺察、思考方法，也都提到了。

文學想像最難教，需要突破框架、天馬行空，因此不管是文學想像，還是故事撰寫，少了過多的約束，讓孩子試著自己思考、表達，這麼一來，他們在閱讀中才能保有純粹的想像。

這不只是寫作書，**也是工具書**。

以我們每天都會用到的動詞來說，像是「吃」，可以用：舔、啃、咬、吮、細嚼慢嚥、狼吞虎嚥。書中統整的這些詞彙，寫作時拿出來翻翻、想想，馬上就有靈感。

而且，這不只是寫作書，**也是思考書**。

光是動作，還有分成速度、方向和心裡的。描寫一個人，更有不同角度的剖析，讓思考不只黑或白，還有各種層面和層次。

這不只是寫作書，**更是邏輯書**。

教你講述理由、精準表達、邏輯推論，以及用對關聯詞，並且用生活例句抓出孩子邏輯上的缺失，釐清事情的先後順序。

這不只是寫作書，**更是可愛的圖畫繪本**。

內容有深度，圖畫吸引眼球，令人愛不釋手，從小學甚至幼兒

園即可入手。

　　願你別錯過這套不只是寫作書的《愛上寫作很容易》，誠心推
薦給大家！

推薦序二

豐富有趣的情境式語文學習書

語文教育書籍暢銷作家／高詩佳

　　《愛上寫作很容易》是一套精心打造的語文學習書，作者段張取藝是一家扎根童書和語文領域多年的工作室，專業度無庸置疑，目前已出版超過三百本兒少圖書。在這套書裡，作者以循序漸進的方式，從名詞開始，涵蓋詞、短語、句子、修辭、作文等各個層面，讓孩子們享受閱讀的同時，輕鬆掌握語文技巧。

　　這套書以可愛的圖畫和情境式的教學為特色，將抽象的語文知識生動的呈現出來。每個單元後面都設計了一個小練習，以圖畫的形式呈現，鼓勵讀者學習以後就立刻實踐，如此可以加深印象，提升學習的互動性和趣味性。

　　不但如此，這套書也著重於培養孩子的思考能力。在講解語文知識的同時，會透過延展性的教學方式，引導讀者從不同角度思考問題、擴大視野，甚至還提供有趣的語文遊戲，比如詞語搭配，讓學習更具有趣味性。

　　最讓詩佳老師感到驚喜的是，這套書不僅限於語文教學，還引導孩子們從不同的視角看待事物，鼓勵他們站在別人的立場思考。這種方式將會培養開放性思維，成為孩子們寫作的靈感來源，豐富他們的內在世界。

　　這套書把正確的表達和說話，視為學習寫作前的「準備功夫」，不但指導寫作技巧，還重視語氣和表達的準確度。透過比較錯誤和正確的用法，幫助孩子們更容易理解字、詞、句子的含意，正確的運用語文知識。

　　另外，本書透過圖解，教導孩子觀察大方向和小細節，例如觀察自己的媽媽、拆解一支鋼筆，啟發他們對事物的細緻觀察和思考。而在介紹修辭法的時候，更補充了許多寫作小技巧，讓孩子們的觀念更加扎實。

　　這套書分為上、下兩冊。上冊是基礎的語文訓練，適合低年級的孩子閱讀，提供了親子共讀的機會，讓爸媽與孩子共同享受學習的樂趣；下冊則是進階的內容，更貼近中年級以上的孩子，鼓勵他們獨立閱讀，培養自主學習的能力。

　　《愛上寫作很容易》不僅是寫作指南，更是一套啟發思考、提升語文能力的全方位教材。透過有層次的教學、豐富的內容和生動有趣的呈現方式，這套書將為孩子們打開一扇通往無限想像和創作的大門。

推薦序三

再不會寫，也能愛上寫作很容易

《人生自古誰不廢》作者／敏鎬的黑特事務所

　　寫作在我們的生活中可說是必備技能，隨著環境競爭激烈，口語表達跟思考脈絡的呈現變得越來越重要，寫作正是讓上述表達具體化的重要手段！

　　這套《愛上寫作很容易》，是能帶給寫作初學者極大幫助的工具書，裡面**不只有修辭教學，也會教導初學者思考如何寫作的心路歷程，讓人不是死板的模仿、抄寫**，而是真正透過觀察身邊的事物去描摹、刻劃心中的一幅畫。筆者認為，真正的寫作並非一成不變的照抄文法書，必須**透過觀察、記憶**，將腦中景色與自己內在一部分「**同化**」，**再轉換成一篇成型的文章**。

　　說來簡單，其實並不容易，畢竟寫作就是把一部分的自己赤裸裸的攤在紙上（唉呀！好害羞！）。

　　「敏鎬，說這麼久了，是不是要秀幾手讀完本書後的應用？」編輯焦躁問道。

　　「其實我還想從我幼兒園怎麼學寫作開始回憶。」雖然有點遺憾，但既然你們等不及了，那我只能把讀完這兩本書的妙用拿出來了。

「敏鎬，請用比喻法描寫一下學妹告白失敗後的你。」

「我被學妹拒絕後，心情像被冰山撞沉的鐵達尼號，沉入冰冷的大西洋裡。」

「敏鎬，請用擬人法描寫一下早上在人行道上隨風搖擺的行道樹吧。」

「人行道旁搖擺的黑板樹，彷彿跟趕著打卡的我揮手說著：『嘿嘿！我今天不用上班喔！』」

「敏鎬，請用誇飾法描寫一下你今天上班的情境。」

「還沒有回覆的 E-mail 比年初的日曆還多！我老闆說我的字比他幼兒園的兒子寫得還要端正！」嗯，這句還用了反諷，買一送一，你們真的賺翻！

除了上述一些基本的修辭技巧，本書也提示了許多寫作小技巧，方便學習的朋友能適時修正自己的錯誤，以及如何觀察事物的角度，讓讀者能夠透過多方面的描繪，使心中描摹的形象變得立體。更有趣的是，**本書還提點讀者怎麼「寫好」一個故事的雛型**，例如透過設計有趣角色、計畫衝突場景，甚至在故事高潮時插入轉折性結局，好牢牢抓住讀者的目光。在每個章節都會設計多元的案例，不會讓讀者翻開書就像跟不熟的親戚吃年夜飯一樣尷尬，而是如老友相伴，在快樂有趣的過程中學習成長。

行文至此，有興趣的讀者不妨翻開本書，體會寫作之美吧！

第四章

用了修辭，句子好動人

在《愛上寫作很容易——六類詞語＋六種句型》的章節，我們已經學到六大句型，也知道怎麼觀察細節，但這只能讓我們清楚的表達。如果想讓表達更加生動、有趣，我們還要學習四種常用的修辭法。

具體是哪四種？一起來看看吧！

比喻

　　首先，我們來學習第一種修辭法──比喻。用上它，再普通的句子，也能生動起來。是不是很神奇？趕快學起來！

快一起來試試吧！

比喻，先找共同點

比喻也就是打比方，其實很簡單，就是找到兩個事物之間的共同點，並把其中一個比作另一個。

樓下的老爺爺 ——→ 高高瘦瘦　　　竹竿 ——→ 瘦瘦長長

樓下的老爺爺高高瘦瘦，就像一根竹竿一樣。

月亮 ——→ 彎彎的　　　小船 ——→ 也是彎彎的

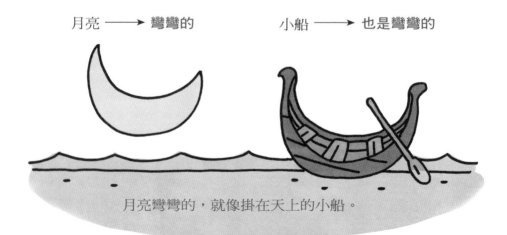

月亮彎彎的，就像掛在天上的小船。

池塘 ——→ 能映出人的倒影　　鏡子 ——→ 能照出人的模樣

池塘就像一面鏡子，映照出小女孩的面龐。

綿羊 ——→ 白白的　　棉花 ——→ 白色的

一隻雪白的綿羊，就像一團團大大的棉花。

哇！打比方真的很簡單！我們一起來試試吧！

具體、抽象，該怎麼比喻？

如果你要向別人介紹一個他不熟悉的東西，就可以用上比喻。具體要怎麼做？

聯想一下，找到和牠具有相似特點的常見事物。

但有的東西看不見、也摸不著，很難描述，那該怎麼辦？這個時候也可以運用比喻的手法。

今天的作業是寫「媽媽的愛」，這要怎麼寫？

可以先想想這樣東西給你的感受。

媽媽的愛讓我感覺很溫暖。

接著，再想想還有什麼東西能給你帶來同樣的感受。

陽光也讓我覺得溫暖。

最後，你就可以這樣說——

當然，能帶給你同樣感受的東西不只
一種，它們都能用來打比方。

用上比喻，情感也能看得見、摸得著！

　　有時候，大道理很枯燥，大家都不想聽，但用上比喻就可以讓它們變得有趣。那麼，具體該怎麼說？首先，要搞清楚這個道理說什麼。例如：學習要堅持，才能成功。

接著，要想想有什麼事情和這個道理描述的情況相似。

最後，我們就可以說——
學習就像減肥，不堅持就
不可能成功。

相似的情況可能還有很多，可以用不同的方式來表達。

原來，枯燥的道理也可以變得很生動！

讓我們來做一個小測試，看看你掌握了多少比喻修辭。現在，請你運用比喻來描述一下長頸鹿的外貌吧！

長頸鹿的特點

你聯想到的東西

你打的比方

每天應該有不少開心的事情，請運用比喻寫一寫你開心的樣子吧！我想你應該已經掌握到比喻的訣竅了。

寫作小技巧

明喻、暗喻

　　比喻還分成明喻、暗喻。明喻，就是很明顯的打比方，例如：「樓下的老爺爺高高瘦瘦，就像一根竹竿一樣。」通常會用到「像」或「如」、「似」、「彷彿」、「猶如」等喻詞。

　　暗喻，又叫做「隱喻」，也就是不明顯的打比方，例如：「學習就像減肥，不堅持就不可能成功。」

　　但要注意的是，並不是加上像、好似、彷彿這類的喻詞，就是比喻。

擬人

第二種修辭法叫做擬人，它也能讓我們的句子變得更生動，快來看看吧！

擬人，把東西當人寫

看名字就知道，擬人就是把一個東西當作人來寫。

週六晚上，我和玩具熊可可
一起玩遊戲。

我愛穿橙色的衣服。

它也總穿著橙色的衣服。

睡前，我喜歡戳一戳它的肚子。

它總會舉起雙手，好像在說：「別
這樣！我投降。」

半夜，我不小心把它踢下床。

一早起來，它倒立在地上，原本燦爛的笑容消失了，一臉埋怨的看著我。

我過意不去，趕快把它擺在我的枕頭邊。

它的大眼睛一閃一閃的，好像在說：「好吧，我原諒你了。」

像這樣，賦予玩具熊人的外貌、語言、動作和情緒等，就叫擬人。

動物、植物，該怎麼擬人？

　　什麼東西可以成為擬人的對象？當然是除了人之外的事物！讓我們先來觀察一下吧！

一隻藍綠色的小鳥在樹上跳來跳去，不停的叫著。

我覺得小鳥的叫聲像人在唱歌。

小鳥唱著動聽的歌曲。唱歌是人的行為，說小鳥唱歌，這就是擬人。

除了行為，還可以從其他方面把小鳥擬人化，例如：外形。

小鳥穿著藍綠色的衣裳。

我們可以再結合小鳥的狀態，賦予牠人的情緒和語言。

小鳥在樹枝上歡快的跳來跳去，好像在說：
「春天到啦！春天到啦！」

像這樣，賦予動物人的外
貌、情緒和語言也是擬人，這
會讓動物的形象更加生動！

不光是動物，植物也可以。讓我們來看看這棵樹。

路邊有一棵枝繁葉茂的大樹，一陣風吹過，它的枝葉輕輕晃動，發出沙沙的聲音。

我覺得茂盛的枝葉像鄰居叔叔的爆炸頭。

這棵樹頂著一個爆炸頭。只有人才有頭髮，說樹擁有頭髮，就是擬人。

除了外貌，我們也可以從其他方面將樹擬人化。例如：結合大樹
的狀態，賦予它人的行為或人的情緒、語言。

大樹在向人們招手。

大樹和來來往往的人們開心的打著招呼：
「早安，吃過早餐了嗎？」

運用擬人的手法，也可以讓植物的
形象更加立體！

即使是沒有生命的物體，也可以運用擬人的手法來描寫。例如：大海雖然沒有生命，但它也會不停的變化，我們可以根據它的狀態賦予它不同的情緒。

陽光下，大海泛著微波，閃閃發亮。

太陽晒得人懶洋洋的，大海應該也這樣覺得吧！

所以我們可以這樣說：陽光下，大海泛著微波，看起來懶洋洋的。

微風中，大海翻起雪白的浪花，拍打著沙灘。

微風拂過海面，大海開心的翻起雪白的浪花，輕輕的拍打著沙灘。

狂風中，大海掀起了驚濤駭浪，發出轟隆隆的聲音。

狂風中，大海憤怒的嘶吼著，掀起一陣陣驚濤駭浪。

運用擬人的手法，可以讓沒有生命的物體煥發生機。

除此之外，還有一些看不見、也摸不著的東西，我們同樣可以運用擬人的手法來描寫。比如季節。

春天已到來，光禿禿的大地上冒出了新芽，變得綠油油的。

大地變得綠油油的，好像被上了色。

春天用畫筆在大地塗上了綠色。

春天雖然看不見、也摸不著，但只要賦予人的動作，它就能清晰生動的呈現在我們眼前。

不僅是季節，人的情緒也可以透過擬人來表達。比如悲傷，或是人與人之間的情感。

悲傷偷走了我的笑容。

家人的愛一直陪伴著我。

結合自己的感受，用擬人的手法描寫沒有實體的東西，它們就會變得很真實。

　　我們來做個小練習，看看你是不是真的學會擬人修辭法。現在，請你用我們學過的方法將小老虎擬人化吧。

小老虎的特點

> 小老虎在

你聯想到的東西

> 這個樣子的小老虎像在

運用擬人修辭法，描寫小老虎

　　文具是我們學習的好夥伴，挑四件你最常用的文具，繼續練習如何擬人吧！我們已經學了兩種修辭法，是不是感覺很棒？接下來第三種──誇飾更加有趣，趕快接著往下看吧！

寫作小技巧

轉化法

在述一件事物時，轉變它原來的性質，換成另一種與本質不同的事物，這叫轉化修辭法。轉化修辭法可分成以下三種：擬人化、擬物化、與形象化。

● 擬人化：將物品模擬為人、賦予人類才有的行為。例如：大樹在向人們招手。

● 擬物化：分成以物擬物（把 A 物想成 B 物）、以人擬物（把人當作物品）。例如：這棵樹頂著一個爆炸頭。

● 形象化：以具體的形象來描寫抽象的事物。例如：「悲傷偷走了我的笑容。」、「你的嘆息，應該被快樂絞殺，而對著明天歌唱。」（楊喚詩集〈短章一〉）

誇飾

第三種修辭法叫做誇飾，除了讓句子更生動外，它還能讓句子變得格外有趣。讓我們一起去感受一下它的神奇吧！

運用想像力，誇飾

誇飾就是運用豐富的想像力，把人或事物的特徵故意誇大或縮小，又叫誇張或誇大。

我看到了一棵非常特別的樹，想要分享給小夥伴們。

但他們好像沒什麼興趣。

我得好好想想該怎麼說。

　　像這樣，為了引起別人的注意，故意把並沒有那麼高、那麼大的樹說得超級高、超級大，就是一種誇飾。

怎麼誇飾人或事物？很簡單，可以先放大人或事物的某個特徵，
也就是擴大誇飾。

餓的時候，當然會想吃很多東西呀！

但爸爸不餓的時候，也能吃四碗飯。

為了超過爸爸，我可以這樣說：

還有沒有別的說法？當然有！

雖然很不可思議，但我們更能感受到這個人的「餓」，不是嗎？

有擴大誇飾，那一定就有縮小誇飾，我們一起來看看吧。

怎麼說才能讓他知道房子真的很小？

他好像還是沒有感受到房子有多小，我得換個說法。

好了，這樣說，他應該就能懂了。

想要別人感受到房子的小，當然不只一種說法。

　　雖然聽起來不太可能，但我們更能感受到這棟房子的「小」，不是嗎？

　　有時，除了擴大或縮小特點，我們也可以把後面出現的事情說成是先出現的，這就是超前誇飾（按：指時序上的超前，臺灣目前只分為擴大或縮小誇飾）。例如：我的媽媽可厲害了，我想讓大家都知道。可是該怎麼說？

她的廚藝特別高超。

她還特別會做手工，講故事也特別有趣。

雖然聽起來不太現實，但我們更能感受到媽媽的厲害，不是嗎？

你學會誇飾修辭法了嗎？現在，讓我們來做個小遊戲吧！

你能用擴大誇飾來形容皮皮
跑步很厲害嗎？

皮皮特別厲害，請你用誇飾
來描述他吧！

你能用超前誇飾來形容皮皮
唱歌很好聽嗎？

你能用縮小誇飾來形容皮皮
聽力很好嗎？

到這裡，我們已經學習三種修辭法，堅持就是勝利！趕快來看看
第四種是什麼吧！

寫作小技巧

誇飾

　　刻意把事實誇大或縮小的技巧，稱為「誇飾」，通常應用在描述時間、空間、速度、數量、情緒、程度等。一般又可分成誇大事實、縮小事實。例如：

事實　　　　　放大事實

他大哭又大叫，哭到整個地板都在晃動。

事實　　　　　放大事實

他跑步很慢，螞蟻繞臺灣一圈應該都還跑不完。

排比

　　恭喜你，終於要進入第四種修辭法——排比！排比不僅能讓表達更有氣勢，還能讓句子讀起來跟唱歌一樣節奏鮮明。是不是很有意思？趕快來看看吧！

什麼是排比？

排比就是把三個或三個以上結構相同、內容相關、語氣一致的短語或句子排列起來。

奶奶家的石榴樹結了很多又大又圓的石榴。

快看，好多石榴！

我和姐姐、弟弟為「石榴長得像什麼？」而吵起來。

我說像紅紅的火球！　　姐姐說像圓圓的燈籠！　　弟弟說像害羞的小臉！

後來，媽媽想了個辦法，這才結束這場爭論。

我們商量了一下，最終得到了一個大家都滿意的結果。

這裡連用三個「像……」，就是一種排比！

寫人、景、物，怎麼排比？

排比要怎麼用？它可以用在寫人的時候。例如：我有一個好朋友叫苗苗，她長得很可愛。

她的可愛之處太多了，一條條列太累了，不如用排比吧！

「臉圓圓的」、「頭髮捲捲的」、「臉頰紅紅的」、「笑容甜甜的」，這些都是苗苗的可愛之處，把它們串聯起來，就成了一組排比，這樣更能表現苗苗的可愛！

　　寫景的時候，用上排比也很不錯！例如：我喜歡春天，因為春天很熱鬧。

如果我們一條條的說，別人可能感受不到那種熱鬧，但如果把很多句子串起來，別人應該就能感受到。

蜜蜂在花叢中辛勤工作、蝴蝶在草坪上翩翩起舞、小鳥在樹梢上婉轉歌唱、魚兒在小溪裡嬉戲打鬧……好熱鬧的春天！

爸爸這樣一說，春天好像真的很熱鬧！

這裡串聯蜜蜂採蜜、蝴蝶飛舞、小鳥歌唱、魚兒游泳等場景，形成排比，就更能突出春天的熱鬧。

當你想要表達自己的願望時，也可以用上排比。

我有好多好多的願望，我想
變成各式各樣的動物。

如果你問我為什麼，那理由可多了。我用排比的方式說給你聽。

我想變成一條魚，這樣就可以在大海裡遨遊；

我想變成一匹馬，這樣就可以在草原上奔跑；

我還想變成一隻老鷹，這樣就可以在天空中飛翔。

哇——聽起來很有趣！

　　這裡用三個「我想……」，熱情洋溢的表達自己的願望，感情一下子就變得更加強烈了！

現在，來做一些小練習吧，看看你是不是真的學會排比修辭法。比方說，蘋果是大家都喜愛的水果，相信你也很喜歡。現在，你能用排比句描寫它嗎？

排比

我很喜歡蘋果，它的顏色紅紅的、它的個頭 _____、它的形狀 _____，看起來好吃極了。

接下來，讓我們看看這隻可愛的小貓咪，如果用排比句來形容牠，你要怎麼說？

排比

　　這是一隻可愛的小貓咪，牠有 _____、有 _____、有 _____，我非常喜歡牠。

寫作小技巧

排比和對偶的差異

　　這兩種修辭方法經常被搞混。首先，什麼是對偶？對偶是指，語文中上下兩句或一句中的兩個詞語，字數相等、句法相似、平仄*相對的修辭法。例如：「『白日依山盡，黃河入海流』、『欲窮千里目，更上一層樓』。」（盛唐詩人王之渙《登鸛雀樓》）

　　排比與對偶的分別有：

- 對偶字數力求相等，排比不拘。
- 對偶必須兩兩相對，排比不拘。
- 對偶力避意同字同，排比卻經常字同、意同。

* 平，四聲中的平聲。仄，四聲中的上、去、入三聲。

　　看來你掌握得不錯，已經能運用修辭寫出生動、有趣的句子！但對於一個寫作高手來說，光是這樣還遠遠不夠。有時我們需要一個與眾不同的角度，才能讓我們的作文更加新穎。

　　讓我們一起進入下個階段吧！

第 五 章

流水帳沒人理，
想被瘋傳就得有角度

很多時候，我們習慣從固定的角度去看問題，這會讓寫作陷入流水帳。是時候換個角度來看看啦！

接下來的寫作課，我們一起來嘗試一下吧！

不一樣的爸爸

　　如何把「我的爸爸」或「我的媽媽」這樣的題目寫得很生動？我們換個角度試試，看看會不會完全不一樣。

　　大家還記得第三章的找細節嗎？現在，我們就來找找這位爸爸身上的細節吧！

　　讓我們繼續運用超強的眼力找出更多細節吧！這需要多加強觀察能力。

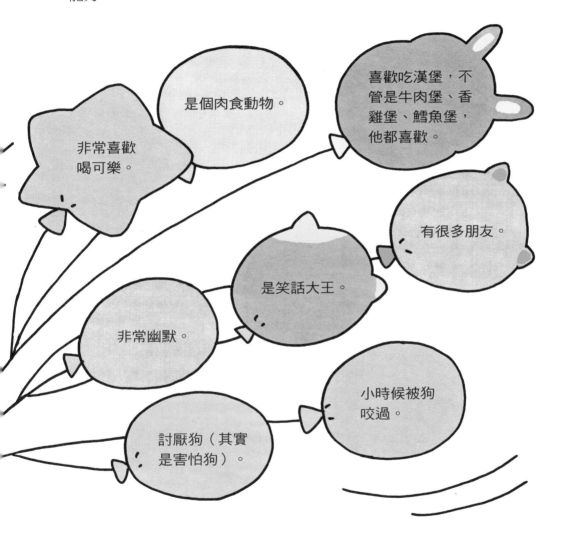

非常喜歡喝可樂。

是個肉食動物。

喜歡吃漢堡，不管是牛肉堡、香雞堡、鱈魚堡，他都喜歡。

有很多朋友。

是笑話大王。

非常幽默。

小時候被狗咬過。

討厭狗（其實是害怕狗）。

　　上面已經列出這麼多細節，接著讓我們從不同的角度來描寫這位爸爸，看看會產生什麼樣的效果吧！

角度一：吃貨老爸

其實是因為老爸愛吃肉，所以他常常說自己是「肉食動物」。

我的老爸還有一個習慣，就是吃飯一定要喝可樂。

可是媽媽說這個習慣並不好，不讓他喝。

於是老爸就像隻小老鼠一樣，半夜溜進廚房偷偷喝。

這就是我的吃貨老爸。

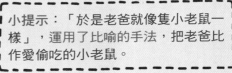

小提示：「於是老爸就像隻小老鼠一樣」，運用了比喻的手法，把老爸比作愛偷吃的小老鼠。

角度二：黑衣人老爸

　　我的老爸最愛的顏色是黑色，所以他的衣服幾乎都是黑色。褲子是黑色的、帽子是黑色的，就連他的襪子大部分也是黑色的。打開他的衣櫃，就好像進入了一個黑色王國。

為什麼只喜歡穿黑色？他說，是因為黑色顯瘦！這麼說也不無道理。只不過，又不是真的瘦，我覺得這只是老爸安慰自己的理由罷了。

老爸喜歡看電影《MIB 星際戰警》，他一戴上墨鏡，就說自己是電影裡的黑衣人。但我覺得不太像，他只是一個全身黑不溜丟的胖老爸。

小提示：「他只是一個全身黑不溜丟的胖老爸」，這句話同時運用了兩個形容詞來形容老爸，「黑不溜丟」，和「胖」都是形容詞。黑不溜丟，是指烏黑發亮的樣子。

角度三：笑話大王老爸

老爸的朋友們都很喜歡老爸，他們經常來我們家找他玩，

老爸也常常外出和他們聚會。

他們聊天的時候，老爸總會講幾個笑話，每次都能把那些叔叔、阿姨逗得哈哈大笑。

不過，我聽了卻沒什麼感覺，也許是我聽不懂吧。

　　有一次，他們問老爸能不能一次講十個笑話，結果他真的講出來了，而且還非常好笑。大家笑到彎腰，其中一位阿姨還笑到流淚，還有一位叔叔笑得在沙發上直打滾。從此，大家都叫他笑話大王。

　　於是，我就擁有了一個笑話大王老爸。

角度四：怕狗的老爸

我的老爸又高又胖，看上去十分強壯，媽媽說和他一起出門很有安全感。

我也這麼覺得，因為老爸用單手就可以抱起我。

有一天，老爸和我一起經過一條小巷子。巷子口突然躥出三隻大黃狗，朝著我們狂吠。

老爸拉住了我，表情十分緊張。

大黃狗們看我們停下了腳步，叫得更凶了。

　　有一次，他們問老爸能不能一次講十個笑話，結果他真的講出來了，而且還非常好笑。大家笑到彎腰，其中一位阿姨還笑到流淚，還有一位叔叔笑得在沙發上直打滾。從此，大家都叫他笑話大王。

　　於是，我就擁有了一個笑話大王老爸。

角度四：怕狗的老爸

　　有一次，他們問老爸能不能一次講十個笑話，結果他真的講出來了，而且還非常好笑。大家笑到彎腰，其中一位阿姨還笑到流淚，還有一位叔叔笑得在沙發上直打滾。從此，大家都叫他笑話大王。

　　於是，我就擁有了一個笑話大王老爸。

角度四：怕狗的老爸

老爸突然抱起我，轉身就跑，
而且跑得飛快。

我想大黃狗們恐怕還沒反應過來，老爸
就已經抱著我跑得無影無蹤了。

後來，我問老爸為什麼要跑，他說自己小時候被狗
咬過，所以一直很怕狗。

其實我覺得狗狗毛茸茸的，很可愛，
沒什麼可怕的呀！

描寫人物的方法

你看，寫「我的爸爸」也可以寫得很生動。讓我們來總結一下描寫人物的小技巧吧！首先，請用前面學過的觀察人物的方法，找到爸爸身上的細節。

接下來，要抓特點。讓我們一起看看角度二的「黑衣人老爸」是怎麼做的吧！首先，先篩選出和外貌有關的細節。

鬍子會扎人。

喜歡穿寬鬆的衣服，而且大多數衣服都是黑色的。

喜歡戴帽子，有各種款式的帽子。

身材壯壯的，或者說有點胖。

個子高高的。

在眾多細節中，抓到爸爸身材有點胖這個特點。

最後，結合具體的事情：透過寫「爸爸只穿黑色衣服，因為黑色顯瘦」這件事，表現爸爸的胖。這樣，一個全新的爸爸的形象就出現啦！每一個特點都可以是一個不同的角度哦！

你看，爸爸的形象是不是更加鮮明了？

現在，我們的寫作課已經到了進階的階段。接下來，請你用這些方法寫你的爸爸吧！

① 先觀察你的爸爸，找到他身上的特點。

我的爸爸是一個 ＿＿＿＿＿＿＿＿＿＿＿＿＿＿＿＿＿ 的人。

② 再結合一件具體的事情，詳細的描寫這個特點吧！

＿＿＿＿＿＿＿＿＿＿＿＿＿＿＿＿＿＿＿＿＿＿＿＿＿

＿＿＿＿＿＿＿＿＿＿＿＿＿＿＿＿＿＿＿＿＿＿＿＿＿

＿＿＿＿＿＿＿＿＿＿＿＿＿＿＿＿＿＿＿＿＿＿＿＿＿

＿＿＿＿＿＿＿＿＿＿＿＿＿＿＿＿＿＿＿＿＿＿＿＿＿

＿＿＿＿＿＿＿＿＿＿＿＿＿＿＿＿＿＿＿＿＿＿＿＿＿

多面體大白鵝

　　像鵝這樣的動物，怎樣描寫才能更出彩？試一試從不同的角度出發，鵝的形象也許會更加生動！首先，我們要對這只鵝有全面的了解！先來看看牠是一隻怎樣的鵝吧！

牠是一隻神氣的大白鵝。

喜歡待在水裡。

有修長的脖頸。

短短的尾巴。

渾身雪白。

還有豐滿肥大的身體。

眼睛不大，卻又黑又亮。

頭上的橙紅色小冠漂亮極了。

　　只有這些細節可不夠，我們觀察一樣事物時，不僅要觀察它的外形，還要觀察它的喜好和習慣。

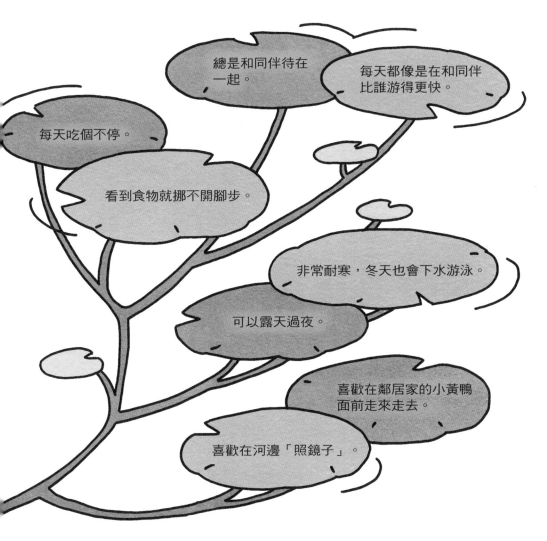

　　現在，你是不是更認識大白鵝了？接下來，一起看看可以從哪些不同的角度來描寫牠吧！

角度一：游泳健將大白鵝

我們家養了一隻大白鵝，牠最愛的運動就是游泳。

牠一天有三分之一的時間都待在水裡，春夏秋冬從不間斷。

每天清晨，牠都會和小夥伴們一起去河裡游泳。一群大白鵝排著整齊的隊伍，像一艘艘揚帆前進的小白船。

牠們時而拍打著翅膀，時而把頭和脖子深深的伸進水裡，時而把尾巴神氣的翹起來，像是在表演一齣幽默的大戲。

牠們不斷的從河的這頭游到那頭，再從那頭游回這頭，樂此不疲。

牠們也有好勝心，誰也不願意落在最後，在衝刺階段，每隻都會用盡全力。

小提示：「一群大白鵝排著整齊的隊伍，像一艘艘揚帆前進的小白船。」、「時而⋯⋯時而⋯⋯時而⋯⋯」，這兩句分別運用了比喻和排比。

角度二：臭美的大白鵝

在離我家不遠的小河邊，有一隻白白胖胖的小肥鵝正在「照鏡子」。
我遠遠就認出牠了，牠正是我們家那隻愛臭美的大白鵝。

大白鵝每天都要走到河邊，欣賞自己美麗的倒影。

牠確實有臭美的本錢。大白鵝渾身雪白，像披了一件白色的棉襖；
頭上的小紅冠漂亮極了，像戴著一頂精緻的小紅帽。

有時候，牠還會調整角度，讓自己最好看的一面倒映在河面上。

牠雖然有一點胖，卻很可愛。眼睛總是笑咪咪的看著你，多麼有趣！讓人喜歡極了。

可能是知道大家都喜歡牠，牠走起路來總是大搖大擺，有時還會到鄰居家的小黃鴨面前炫耀牠的美貌！

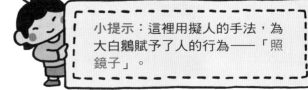

小提示：這裡用擬人的手法，為大白鵝賦予了人的行為——「照鏡子」。

角度三：凶巴巴的大白鵝

我家的大白鵝，每天吃完晚飯都會到院門口巡邏。牠總是伸著脖子、踱著步子，像個保全一樣，在院門口來回巡視。

一有陌生人出現，牠就會凶巴巴的瞪著他，然後衝著他嘎嘎大叫。

去年秋天，我的好朋友皮皮第一次來我家做客。

還沒進門，大白鵝就張開翅膀，昂起脖子大叫了起來，那模樣像極了要上戰場的勇士。

皮皮往左一步，牠也往左一步。

皮皮又向右挪了兩步，牠也絲毫不退讓。

牠把皮皮嚇得一動也不敢動。就這樣，一人一鵝，在門口僵持了半個小時。

直到我來接皮皮，牠才讓開。

但正因為有牠的守護，我們才感到十分安心。

小提示：「像個保全一樣，在院門口來回巡視。」這裡同時運用了比喻和擬人兩種修辭法。

角度四：貪吃的大白鵝

我們家的大白鵝可以說是村裡的「領頭鵝」。為什麼？因為牠是鵝群裡最胖的那隻。

牠每天起碼有一半的時間都在吃東西。田裡的蔬菜、路邊的雜草、河裡的小魚、小蝦……都是牠的美食。

牠看見什麼就吃什麼，一點也不挑食。

有時候，牠還會去搶鄰居家的小黃鴨的食物。

每次被鄰居發現後，牠就會立刻假裝乖巧的離開。

但下一次，牠還是會賊頭賊腦的偷吃。

就這樣日復一日，我們家的大白鵝越來越胖。現在的牠，看上去就像一個充了氣的大氣球。

描寫動物的四個特點

　　你看，動物也可以寫得很有趣！讓我們來總結一下描寫動物的方法吧！首先，要認真觀察，找出細節，接著就讓我們看看可以從哪些方面尋找細節。

　　接下來，還是要抓特點。讓我們來看看角度一的「游泳健將大白鵝」中是怎麼做的！

　　在眾多細節中，抓到鵝喜歡待在水裡這一特點。

最後，結合具體的事情：用「每天清晨，牠都會和小夥伴們一起去河裡游泳」來表現鵝「喜歡待在水裡」這個特點。為了讓鵝的形象更生動，還可以同時運用多個修辭法！

「一群大白鵝排著整齊的隊伍，像一艘艘揚帆前進的小白船。」

這裡運用了比喻，把大白鵝比喻成小白船。

「時而……時而……時而……」

這裡運用了排比，強調大白鵝喜歡水。

你看，運用修辭後，大白鵝的形象是不是更加生動、有趣？

只要找到新穎的角度，一隻普通的大白鵝也能寫得特別精彩。快拿起你手中的筆，尋找一下細節，用新的角度描寫你身邊的小動物吧！

① 先找到這個動物的細節、特點。

這是 _____ 的動物。

② 再結合一件你和牠之間發生過的事情，來描述你是怎麼發現牠的特點！

有一次我發現牠總是 _____

_____

_____

_____

_____

千變萬化的雨

　　你描寫過雨嗎？作為一種天氣現象，雨可不是每天都會出現的。為了能夠在寫作的時候遊刃有餘，我們要抓住機會，在下雨時認真觀察一下關於雨的細節。

我們還需要更多關於雨的細節。你可以在寫作前查找一些資料！

我相信，此刻的你已經有答案了，就讓我們從不同的角度

來描寫雨吧！

* 含鹽度較低的水資源。

277

角度一：會唱歌的雨

我最喜歡下雨天。因為雨活潑又可愛，還會唱各種有趣的歌。

當雨水打在窗戶上時，會發出啪嗒啪嗒的聲音，清脆又有節奏感。

一聽到這個聲音，我就會穿上雨衣、換上雨鞋，

像小炮彈一樣衝進雨裡，媽媽攔都攔不住。

看到我出門，雨水唱得更起勁了，歌聲時而大、時而小。

它落在地上時，會發出劈里啪啦的聲音；

落在樹葉上時，又能發出滴滴答答的聲音。

雨點奏樂的時候，還時常會叫上它的好朋友——風和雷。
你仔細聽，它們經常一起演奏各種風格的協奏曲！

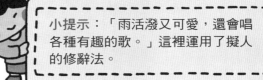

小提示：「雨活潑又可愛，還會唱各種有趣的歌。」這裡運用了擬人的修辭法。

角度二：不可或缺的雨

外公告訴我，雨是人類生活的
「好幫手」。

不僅可以灌溉農作物，

還可以減少空氣中的灰塵，淨化
環境。

而且還能降低
溫度，

為我們的生活補充
淡水資源。

在外公心裡，雨可是非常重要的寶貝呢！

角度三：討厭的雨

但是，並不是所有的雨都那麼可愛。

有時候，突如其來的狂風暴雨會使樹木折斷、河水倒灌，甚至會引發自然災害。

我的爸爸也不喜歡雨，因為他小時候曾受過雨的「摧殘」。

爸爸說在他七歲的時候，有一次大雨一連下了三天三夜。

雨水灌進房子裡，高度甚至淹沒過他的膝蓋。

因為雨勢凶猛，家裡被雨水沖刷得一片狼藉。

爸爸最喜歡的玩具，也在那場大雨中被淹壞了。

從那之後，雨在他的心裡就像一頭猛獸。每到下雨天，他的心情也陰沉沉的。

小提示：「雨在他的心裡就像一頭猛獸」，這裡運用了比喻的修辭法。

描寫場景的六個技巧

其實，想要把景物寫好也是有方法的，快把小妙招記下來吧！首先，觀察細節很重要！

描寫景物時，也可以運用修辭法！

　　其次，觀察順序也很重要。我們可以按照時間順序觀察。隨著時間的變化，景物也會發生變化。

春天是
綿綿細雨。

夏天是
狂風暴雨。

秋天是
涼風細雨。

冬天是
冷風凍雨。

　　還可以按照空間順序觀察。觀察位置發生變化後，景物也會發生變化。只要細心觀察，就不難發現景物的特點！

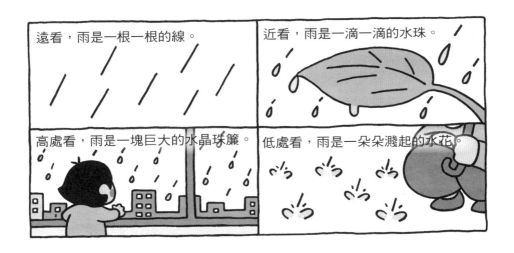

遠看，雨是一根一根的線。

近看，雨是一滴一滴的水珠。

高處看，雨是一塊巨大的水晶珠簾。

低處看，雨是一朵朵濺起的水花。

經過前面的練習，相信你的寫作技能已經提升了不少。

這一次，你能否找到新的角度，再來描寫雨呢？

① 先觀察雨的特點。

雨看起來是 _____。

② 再結合一件發生過的事，談一談你對雨的感受吧！

我覺得雨

_____

_____

_____

_____

學完第五章，想必你對寫作已經非常了解了。那還等什麼？

讓我們拿起手中的筆，一起進入想像世界，揮灑你的創意吧！

第六章

會想像，一篇文章就完成

在之前的寫作課中，我們已經學會如何描寫現實世界中的人、物、事，比如爸爸、玩具、爬山等。

但你知道嗎？除了現實世界，其實在我們的大腦中，還存在著另外一個世界，那就是想像的世界。在這個世界裡，玩具會說話、花草會走路、人們可以隨時坐著太空船和外星人見面……聽起來是不是很奇妙？

接下來，就讓我們拿起筆，描繪一下這個想像中的世界吧！只有描繪好這個世界，我們才能成為一個真正有創意、有想法的寫作高手！

看到它，你會想到什麼？

　　想要寫好作文，想像力十分重要。那麼，我們先來玩個遊戲訓練一下想像力吧！舉例來說，這是一個皮球，看到它，你會想到什麼？

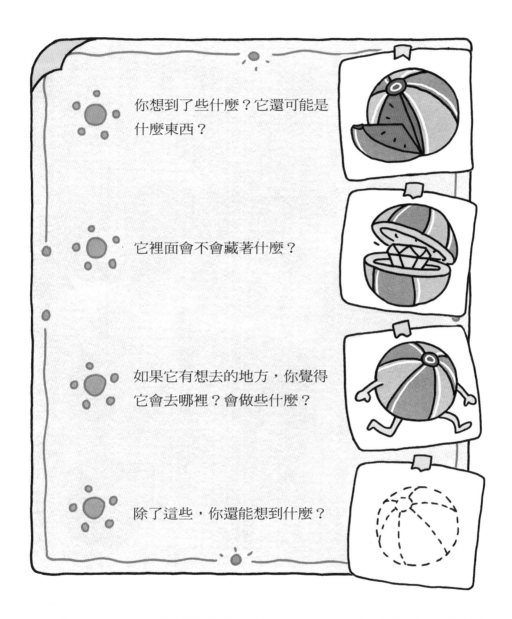

你想到了些什麼？它還可能是什麼東西？

它裡面會不會藏著什麼？

如果它有想去的地方，你覺得它會去哪裡？會做些什麼？

除了這些，你還能想到什麼？

　　你已經感受到想像的樂趣了嗎？現在，讓我們一起進入想像的世界吧！

小朋友都喜歡天馬行空的想像，腦子裡總有很多奇奇怪怪的想法。

如果我會魔法，我要把學校變成遊樂園。

要是突然有顆星星掉下來會發生什麼事？

如果把糖果種在土裡，能長出糖果樹就好了。

這些想法很有意思，為什麼不把它們寫成故事？

對哦，好像也可以！

奇奇怪怪的想法要怎樣變成有趣的故事？一起來看看吧！

童話：失蹤的發條鴨子

在所有類型的想像作文中，童話故事是大家最熟悉的。相信大家都看過不少童話故事，那你有發現嗎？每個故事都有自己的主角，而且童話故事中的主角大都是動物、植物或沒有生命的物體。不妨用前面的方法觀察他們吧！

接下來，根據觀察到的特點，用擬人的手法賦予它們人類的思想情感、行為和語言能力等，這樣它們才能真正成為童話故事的主角。

主角有了，接下來
會發生什麼故事？

童話故事想要吸引人讀下去，就要編得生動曲折。比如有一個玩具失蹤了，他的朋友們都在著急的尋找他。

小提示：故事發展不要太順利，故事才能吸引人讀下去，讓人更想知道最後的結局。

小提示：透過語言和動作，會表現出角色的性格，比如在詢問時，禮貌的玩具熊會說「請」，而急躁的小怪獸會忽略掉禮貌用語。

為了讓故事顯得更真實，我們可以適當的運用一些生活經驗，這就需要大家平時多觀察、多累積。

小提示：故事的細節可以寫真實的生活體驗。比如在這裡，機器人的設想就來自真實事件，以前西西真的曾經不小心把玩具扔到垃圾桶裡。

我們可以寫一些懸疑的情節，讓讀的人更想知道故事的結局。

出乎意料的結局會讓我們的童話故事更加有趣。

小提示：出乎意料的結局也要合情合理。在這個故事裡，玩具失蹤是因為西西丟三落四，而丟三落四的人往往不會記得自己把東西放在哪裡。

有趣的童話故事，該怎麼寫？讓我們來總結一下：

①透過觀察，創造出擬人化的角色。

②設計曲折有趣的故事情節。

③從生活經驗展開聯想。

④結局要出乎意料。

把這篇故事寫下來吧！

失蹤的發條鴨子

曲折有趣的故事情節

　　②<u>有一天，玩具們發現發條鴨子不見了，大家十分
著急，到處詢問他的消息。</u>

　　「你看到①發條鴨子了嗎？」①玩具小怪獸焦
急的問①鏡子。

　　「他好像在客廳。」鏡子指了指客廳。

　　玩具們趕緊來到客廳，卻沒有看到發條鴨子的
身影。

擬人化
角色

　　「請問你有看到發條鴨子嗎？」①玩具熊焦急
的問①盆栽。

　　「我之前看到他和①貓咪在一起。」盆栽一邊
看電視，一邊說道。

從生活經驗展開聯想

　　但是貓咪躲在陽臺睡覺，並沒有見到發條鴨子，這下把玩具們急壞了。

　　③「他會不會出意外了？」①機器人胡亂猜測了起來，「不會是掉進垃圾桶裡被扔掉了吧？還是說掉進馬桶被水沖走了？」

　　「別說了，太嚇人了！」小怪獸趕緊說道：「我們去找小主人西西幫幫忙吧！」

　　誰知道西西也正在翻箱倒櫃的尋找發條鴨子。

　　這下，玩具們再也忍不住，大哭了起來。

　　就在這時，一陣敲門聲傳來。西西打開門，發現皮皮拿著發條鴨子站在門外。

　　「西西，你怎麼又把玩具放在我家了！」皮皮大聲的抱怨。

　　④玩具們恍然大悟，原來發條鴨子並沒有失蹤，而是被西西忘在朋友家了！大家生氣的看著西西，西西不好意思的說：「我以後再也不會丟三落四了……。」

　　雖然不知道西西會不會改，但發條鴨子能平安回來已經是最好的結局。

結局要出乎意料

發條鴨子為什麼不見了？這個故事是不是還有別的結局？發揮你的想像力，寫個不一樣的故事吧！

有一天，玩具小怪獸發現好朋友發條鴨子不見了，急得團團轉……

魔幻：魔法師大鬥妖怪

比起童話故事，魔幻故事擁有更瘋狂的想像。那魔幻故事中的主角會是什麼樣子？一般來說，他們往往都擁有變幻莫測的魔法和非凡的技能。

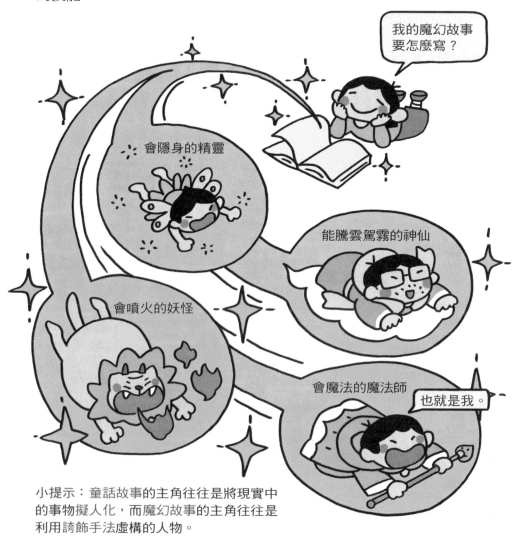

我的魔幻故事要怎麼寫？

會隱身的精靈

能騰雲駕霧的神仙

會噴火的妖怪

會魔法的魔法師　也就是我。

小提示：童話故事的主角往往是將現實中的事物擬人化，而魔幻故事的主角往往是利用誇飾手法虛構的人物。

他們通常還擁有神奇的法寶。

設計出主角後，我們要將故事的起因交代清楚。

小提示：在魔幻故事裡，經常會運用誇飾的手法來表現人物的超能力。一般情況下，袋子不可能裝進星星、月亮和太陽，但這裡的妖怪能用袋子裝進任何東西，這就是誇飾。

小提示：妖怪用袋子把星星、月亮和太陽全都裝走了，
讓世界變得漆黑一片，這就是故事的起因。

製造一些衝突、緊張的氛圍，可以讓故事更加精彩。

小提示：從動作、語言、聲音、外貌等方面增添細節，讓看故事的人更能身歷其境。

小提示：魔法師想要妖怪還回星星、月亮和太陽，但是
妖怪不願意，雙方打了起來，這就是衝突。

接著，一步一步的將緊張的氛圍推向高潮。

小提示：故事的高潮一般會落在劇情發生重大轉折的橋段。

和童話故事相似，在魔幻故事達到最高潮時，插入一個轉折性的結局，往往能產生意想不到的效果。

奇妙的魔幻故事該怎麼寫？我們來總結一下：

①大膽想像，運用誇飾的手法，設計具有超能力的主角。

②清楚交代故事的起因。

③製造衝突，讓故事情節更加精彩。

④在故事達到高潮時，插入轉折性結局。

把這篇故事寫下來吧！

魔法師大鬥妖怪

設計具有超能力的主角

　　很久很久以前，世界突然變得一片漆黑，天上的星星、月亮和太陽通通都不見了。原來，大地上出現了一個貪婪的①妖怪，②他喜歡一切閃亮亮的東西，就把星星、月亮和太陽全都收進自己的寶物袋。人們受不了這種暗無天日的生活，於是請來魔法師幫忙。

　　一陣狂風刮過，①魔法師拿著比自己還高的魔杖，帶著他的①精靈朋友趕到現場。他大喊一聲：「妖怪！快把光明還回來！」妖怪不以為然的低吼道：「我偏不

清楚交代故事起因

製造衝突

還。」說完，他猛然的吐出一大團火焰。見狀，魔法師不疾不徐的揮動著魔杖，召喚出一道水柱，熄滅了火焰。妖怪又轟的一聲，連噴出好幾顆大火球，魔法師嘴裡不停的念著咒語，變出許多大雪球。

③看見自己的攻擊都被魔法師化解，妖怪生氣的拿出自己的寶物袋，想要把魔法師也收進袋子裡。還好魔法師已經聽說這一招，他抬頭望向自己的精靈朋友，說：「就是現在！」小精靈彈起豎琴，琴聲直接鑽進妖怪的耳朵，妖怪迷迷糊糊的睡了過去。

④妖怪終於被制服了，魔法師拿起寶物袋想把他裝進去。這時，一個身影從天而降。「停停停！」原來是天上的①神仙來了。他說：「這個妖怪原本是我的寵物，他趁我不注意偷走我的寶物袋，到這裡為非作歹，我這就把他帶回去，嚴加管教！」

魔法師打開寶物袋，把星星、月亮和太陽全都放了出來，世界重新恢復光明，妖怪也被神仙帶走了。

插入轉折性結局

317

你能根據我們之前設計的四個角色──魔法師、精靈、妖怪和神仙，寫出一個新的故事嗎？

　　很久以前，大地上出現了一個拿著大袋子的巨大妖怪……

科幻：完美的衣服

即使是科技高速發展的現在，在生活中我們還是會遇到各式各樣的問題。這時，我們就會幻想：能不能發明更加高科技的東西來解決這些問題？把這些幻想寫下來，就能變成一篇有趣的科幻作文。

接下來，觀察一下你的生活，看看有沒有什麼困擾大家的問題。

小提示：和前兩種作文不同，科幻作文往往圍繞如何解決現實生活中的問題來展開想像。想要寫好科幻作文，就需要多多觀察生活中人們會遇到哪些困難。

找到問題後，我們可以結合現有的科學知識和科學技術，大膽的幻想，設計一種高科技產品，並向大家展現它的特點和功能。

可以自由變換款式。

小提示：科幻作文中的想像，必須有一定的科學依據，比如運用的技術、材料等。

可以變換喜歡的顏色和圖案。

在科幻作文裡，只要打開想像，一件高科技產品的功能就能更加強大，為人們的生活帶來更多便利。

小提示：想像科幻物品的功能時，記得從實際生活的需求出發。

神奇的科幻說明文，該怎麼寫？我們來總結一下：

①發現身邊存在的問題。

②根據問題，在科學的基礎上展開幻想，寫出更加理想的事物。

③從生活需求出發，添加更多的功能，讓發明物更有科技感。

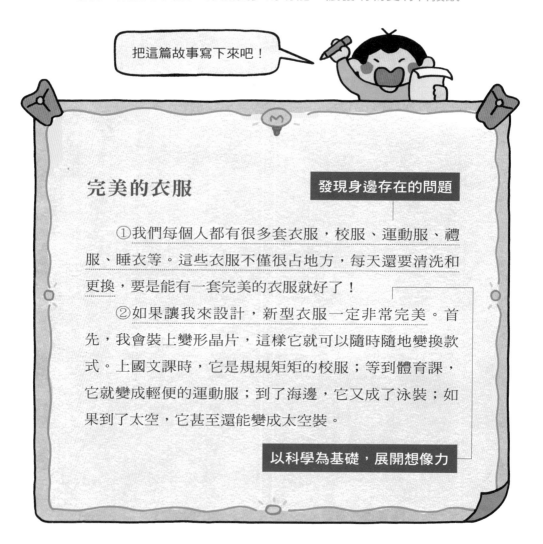

把這篇故事寫下來吧！

完美的衣服

發現身邊存在的問題

①我們每個人都有很多套衣服，校服、運動服、禮服、睡衣等。這些衣服不僅很占地方，每天還要清洗和更換，要是能有一套完美的衣服就好了！

②如果讓我來設計，新型衣服一定非常完美。首先，我會裝上變形晶片，這樣它就可以隨時隨地變換款式。上國文課時，它是規規矩矩的校服；等到體育課，它就變成輕便的運動服；到了海邊，它又成了泳裝；如果到了太空，它甚至還能變成太空裝。

以科學為基礎，展開想像力

除此之外，它還裝有變色電晶體，能夠根據人們的喜好變換顏色和圖案，讓我們每天都有新衣服穿，輕輕鬆鬆變成時尚達人。

　　當然，這件完美的衣服還會使用特殊的材質，它最外層的奈米隔膜能夠有效的防止汙漬，就算在油漆上打滾，也完全不會被染色。

　　③最後，它還會內置一些實用的小功能。比如自帶定位系統，這樣我們再也不怕回家找不到路，小孩子如果走丟，也能很快被爸爸、媽媽找到。它的袖子上還自帶照明功能，在漆黑的夜裡我們也不用怕看不見。它還能夠發訊息、打電話、行動支付，這樣出門就連手機都不用帶了，一切都能交給這件完美的衣服。

　　那麼，這件衣服到底什麼時候能夠問世？這就得依靠我們的聰明才智，早日克服技術難關，把完美的衣服發明出來！

從生活需求添加更多功能

你眼中的完美衣服是什麼樣子？把你的想法寫下來吧！

　　我發現，大家都喜歡買新衣服，但其實很多衣服只

穿幾次就不穿了……

夢想：我有一個夢想

　　我們每個人都有各式各樣的夢想，可能是想擁有某樣東西，也可能是想成為什麼樣的人。把這些美好的設想寫下來，就是一篇夢想作文。大家應該都想過長大以後會做什麼，那我們就從未來打算從事的職業寫起吧！

　　　　　　我發現我身邊的每個人都有自己的職業。

媽媽是護士。　　　　　　　　　　　　　爸爸是工程師。

張叔叔是維護正義的警察。　　　　　　劉阿姨是清潔工。

我的朋友們也有自己想要從事的職業。

你為什麼會有這樣的願望？說一說自己的理由吧！

第一，因為太空人很帥。

可以穿看起來很厲害的太空服。

第二，可以去外太空旅行。

能夠近距離觀察各式各樣的星星。

小提示：願望的緣由要講清楚，別人才不會覺得你在胡思亂想。

假如願望成真，你會怎麼樣？來設想一下願望成真後的事情吧！

小提示：在設想未來時，我們不僅要考慮自己，還要為
他人、為社會考量，這樣我們的夢想會更加美好。

　　除了可以實現的，還有一些可能永遠不會實現的夢想。這些美好的夢想即便不能實現，也可以為我們帶來快樂，這些也能變成一篇不錯的夢想作文。

想擁有一個聚寶盆。

想為自己裝上一雙翅膀。

想和噴火龍做朋友。

想坐在魔法飛毯上四處飛翔。

想暢遊故事書裡的小人國。

自己的夢想，該怎麼寫？讓我們來總結一下：

①想一想自己的夢想，可以是現實，也可以是大膽新奇的想法。

②說一說你為什麼會有這樣的願望，理由要充分。

③設想自己的願望：如果願望成真，我會做些什麼？

把這篇作文寫下來吧！

我的夢想

想一想自己的夢想

　　小時候，無垠的宇宙就深深的吸引著我，而能夠探索這片浩瀚星空的太空人，在我的眼中也就成了神祕、帥氣的代名詞。①如果有機會，我也想成為一名厲害的太空人。

　　②如果我成為太空人，就能穿上太空服、到太空冒險。然後近距離觀察各式各樣的星球：坑坑窪窪的月球、荒蕪的火星、神祕的海王星、有著美麗星環的土星……光是太陽系的幾大行星就夠我探索，更別提太陽

敘述夢想的理由

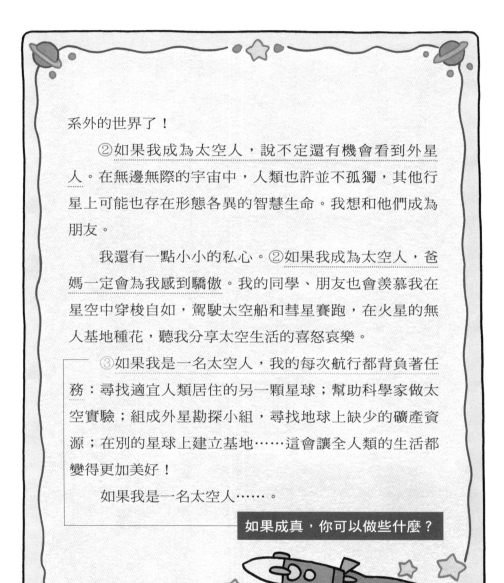

系外的世界了！

　　②如果我成為太空人，說不定還有機會看到外星人。在無邊無際的宇宙中，人類也許並不孤獨，其他行星上可能也存在形態各異的智慧生命。我想和他們成為朋友。

　　我還有一點小小的私心。②如果我成為太空人，爸媽一定會為我感到驕傲。我的同學、朋友也會羨慕我在星空中穿梭自如，駕駛太空船和彗星賽跑，在火星的無人基地種花，聽我分享太空生活的喜怒哀樂。

　　③如果我是一名太空人，我的每次航行都背負著任務：尋找適宜人類居住的另一顆星球；幫助科學家做太空實驗；組成外星勘探小組，尋找地球上缺少的礦產資源；在別的星球上建立基地……這會讓全人類的生活都變得更加美好！

　　如果我是一名太空人……。

如果成真，你可以做些什麼？

你想成為什麼樣的人？盡情暢想一下，然後寫下來吧！

從小我就在想，長大成人後我會變成一個什麼樣的人？

_____

_____

_____

_____

_____

_____

_____

_____

_____

　　到這裡，我們的寫作課就要結束了。相信透過詞語、句子、細節、修辭、角度和想像等學習，你已經能輕鬆寫好作文。

　　但寫作是一件需要長期堅持的事，不能半途而廢。希望大家在未來的日子裡能一直保持熱情，感受寫作的快樂！

國家圖書館出版品預行編目（CIP）資料

愛上寫作很容易——四類修辭＋三種觀察：從只
寫流水帳，到文筆好到被瘋傳，動筆吧，因為你
值得被看見。／段張取藝著. -- 初版. -- 臺北市：
任性出版有限公司，2024.03
176 面：17×23公分. --（drill：025）
ISBN 978-626-7182-59-8（平裝）

1. CST：漢語教學　2. CST：作文
3. CST：寫作法　4. CST：小學教學

523.313　　　　　　　　　　　112020380

drill 025

愛上寫作很容易──四類修辭＋三種觀察

從只寫流水帳，到文筆好到被瘋傳，動筆吧，因為你值得被看見。

作　　者／段張取藝
責任編輯／黃凱琪
校對編輯／陳竑惪
美術編輯／林彥君
副總編輯／顏惠君
總 編 輯／吳依瑋
發 行 人／徐仲秋
會計助理／李秀娟
會　　計／許鳳雪
版權主任／劉宗德
版權經理／郝麗珍
行銷企劃／徐千晴
業務專員／馬絮盈、留婉茹、邱宜婷
行銷、業務與網路書店總監／林裕安
總 經 理／陳絜吾

出 版 者／任性出版有限公司
營運統籌／大是文化有限公司
　　　　　臺北市 100 衡陽路 7 號 8 樓
　　　　　編輯部電話：（02）23757911
　　　　　購書相關資訊請洽：（02）23757911 分機 122
　　　　　24 小時讀者服務傳真：（02）23756999
　　　　　讀者服務 E-mail：dscsms28@gmail.com
　　　　　郵政劃撥帳號：19983366　戶名：大是文化有限公司

法律顧問／永然聯合法律事務所
香港發行／豐達出版發行有限公司 Rich Publishing & Distribution Ltd
　　　　　地址：香港柴灣永泰道 70 號柴灣工業城第 2 期 1805 室
　　　　　　　　Unit 1805, Ph .2, Chai Wan Ind City, 70 Wing Tai Rd, Chai Wan, Hong Kong
　　　　　電話：21726513　傳真：21724355
　　　　　E-mail：cary@subseasy.com.hk

封面設計／禾子島
內頁排版／顏麟驊
印　　刷／緯峰印刷股份有限公司

出版日期／2024 年 3 月初版
定　　價／390 元
Ｉ Ｓ Ｂ Ｎ／978-626-7182-59-8
電子書ＩＳＢＮ／9786267182635（PDF）
　　　　　　　9786267182628（EPUB）